신기한 스쿨버스

신기한 스쿨버스

7 허리케인에 휘말리다

조애너 콜 글 · 브루스 디건 그림 | 이강환 옮김 | 서울초등기초과학연구회 감수

비룡소

이 책을 준비하는 데에 도움을 준
국립 허리케인 연구소 소장 로버트 쉬츠 박사님과
미국 델라웨어주 기상 담당관인 델라웨어대학교의 다니엘 레더스 박사님께 감사드립니다.

신기한 스쿨버스
❼ 허리케인에 휘말리다

1판 1쇄 펴냄 — 1999년 12월 15일, 1판 48쇄 펴냄 — 2018년 1월 18일
2판 1쇄 펴냄 — 2018년 11월 15일, 2판 2쇄 펴냄 — 2020년 5월 21일

글쓴이 조애너 콜 **그린이** 브루스 디건 **옮긴이** 이강환 **감수** 서울초등기초과학연구회
펴낸이 박상희 **편집** 김지호 **디자인** 신현수 **펴낸곳** ㈜비룡소
출판등록 1994. 3. 17.(제16-849호) **주소** 06027 서울시 강남구 도산대로1길 62 강남출판문화센터 4층
전화 영업 02)515-2000 팩스 02)515-2007 편집 02)3443-4318,9 **홈페이지** www.bir.co.kr
제품명 어린이용 각양장 도서 **제조자명** ㈜비룡소 **제조국명** 대한민국 **사용연령** 3세 이상

The Magic School Bus®: Inside A Hurricane by Joanna Cole and illustrated by Bruce Degen
Text Copyright © 1995 by Joanna Cole
Illustrations Copyright © 1995 by Bruce Degen
All rights reserved.
Korean Translation Copyright © 1999 by BIR Publishing Co., Ltd.
Korean translation edition is published by arrangement with Scholastic Inc., 555 Broadway, New York, NY 10012, USA through KCC.
Scholastic, THE MAGIC SCHOOL BUS®, 신기한 스쿨버스™ and/or logos are trademarks and registered trademarks of Scholastic, Inc.

이 책의 한국어판 저작권은 KCC를 통해 Scholastic, Inc.와 독점 계약한 ㈜비룡소에 있습니다.
저작권법으로 한국 내에서 보호를 받는 저작물이므로 무단 전재와 무단 복제를 금합니다.

ISBN 978-89-491-5407-7 74400/ ISBN 978-89-491-5413-8(세트)

이 도서의 국립중앙도서관 출판예정도서목록(CIP)은 서지정보유통지원시스템 홈페이지(http://seoji.nl.go.kr)와
국가자료공동목록시스템(http://www.nl.go.kr/kolisnet)에서 이용하실 수 있습니다.(CIP제어번호: CIP2018031627)

여기서 잠깐!

여러분, 해마다 여름이면 텔레비전에서
'태풍'에 관한 뉴스를 들은 적이 있죠?
그때의 태풍과 이 책에 나오는 '허리케인'은 같은 기상 현상입니다.
적도 부근의 열대 바다에서 발생하는 저기압으로,
최대 풍속이 초당 32미터 이상인 것을
아시아에서는 태풍, 미국에서는 허리케인이라고 합니다.
따라서 여러분은 지금 태풍에 대해 공부한다고 생각해도 좋습니다.
한편, 일기예보에서 보통 '태풍'이라고 하면
초당 17미터 이상의 열대성 저기압도 포함된다는 것 알아 두세요.

그때 갑자기 도로시 앤이 소리쳤어요. "이것 봐!"
우리는 믿을 수 없었죠. 우리가 모두 비행복을 입고 있는
거예요. 게다가 커다란 바구니 안에 앉아 있었답니다!
어느새 버스는 커다란 열기구로 바뀌었고,
공중으로 붕 떠오르고 있었어요!

전에 다니던
학교에서는 이런 걸
타 본 적이 없어.

그 학교는 왠지
내 취향인걸.

기구 속의 공기를
데우기 위해
가스 버너에
불을 붙이겠어요.

열은 공기를 팽창시킵니다.
— 몰리

뜨거운 공기는 팽창합니다.
왜냐하면 열이 공기 분자들 사이를
멀리 떨어뜨리기 때문입니다.

1 풍선 / 공기 / 상온
유리병 입구에 풍선을 씌운다.

2 공기가 팽창하여 풍선으로 흘러든다. 뜨거운 물이 공기를 데운다.
뜨거운 물을 쓸 때에는 어른들에게 부탁할 것!

날씨에 대한 낱말 공부
— 도로시 앤

'팽창한다'는 말은 어떤 것이 널리
퍼진다는 뜻입니다.
공기 분자란 공기의 성질을 갖는 가장
작은 알갱이를 말합니다.

날씨에 대한 낱말 공부, 하나 더
- 도로시 앤

응결이란 수증기 분자들이 모여서 액체 상태의 물방울이 되는 것을 말합니다.

"따뜻한 공기는 위로 올라가면서 많은 양의 수증기 분자들을 데리고 갑니다."
프리즐 선생님이 말했어요.
"위로 올라갈수록 공기는 점점 차가워집니다. 그러면 공기 중의 물은 응결되어 구름이 됩니다."

아널드, 비옷은 가지고 왔니?

비옷이 필요한 일은 정말 일어나면 안 되는데……

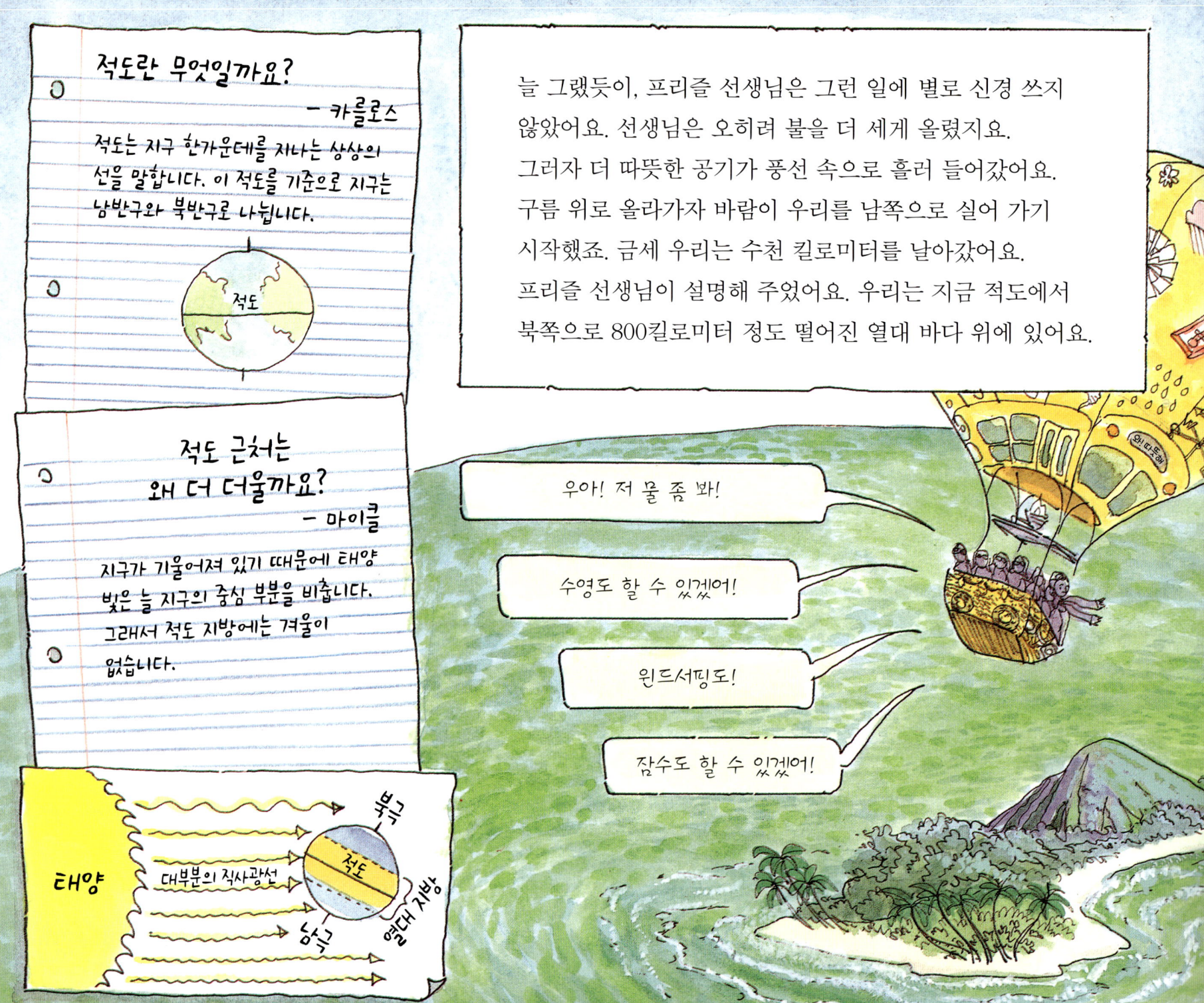

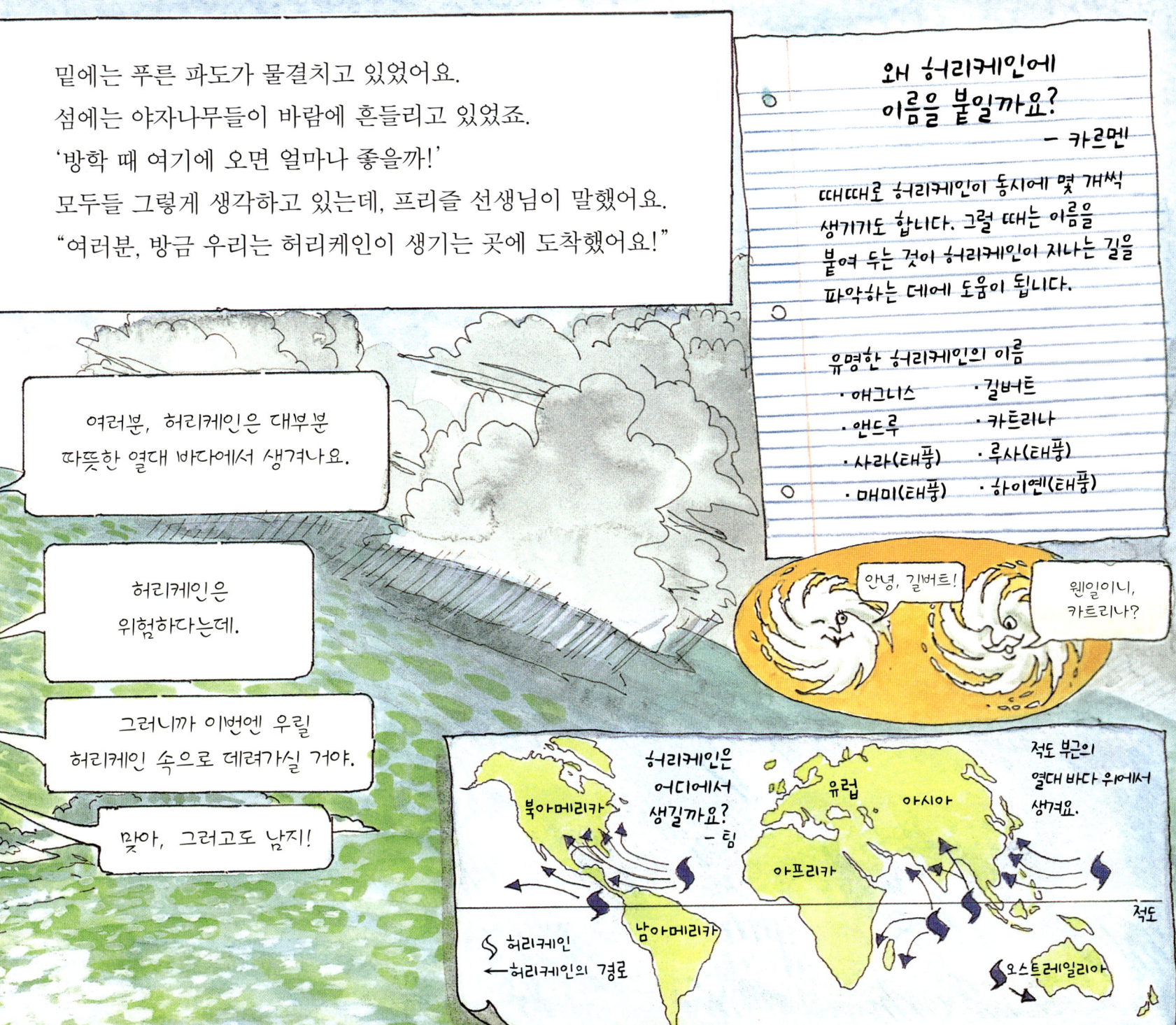

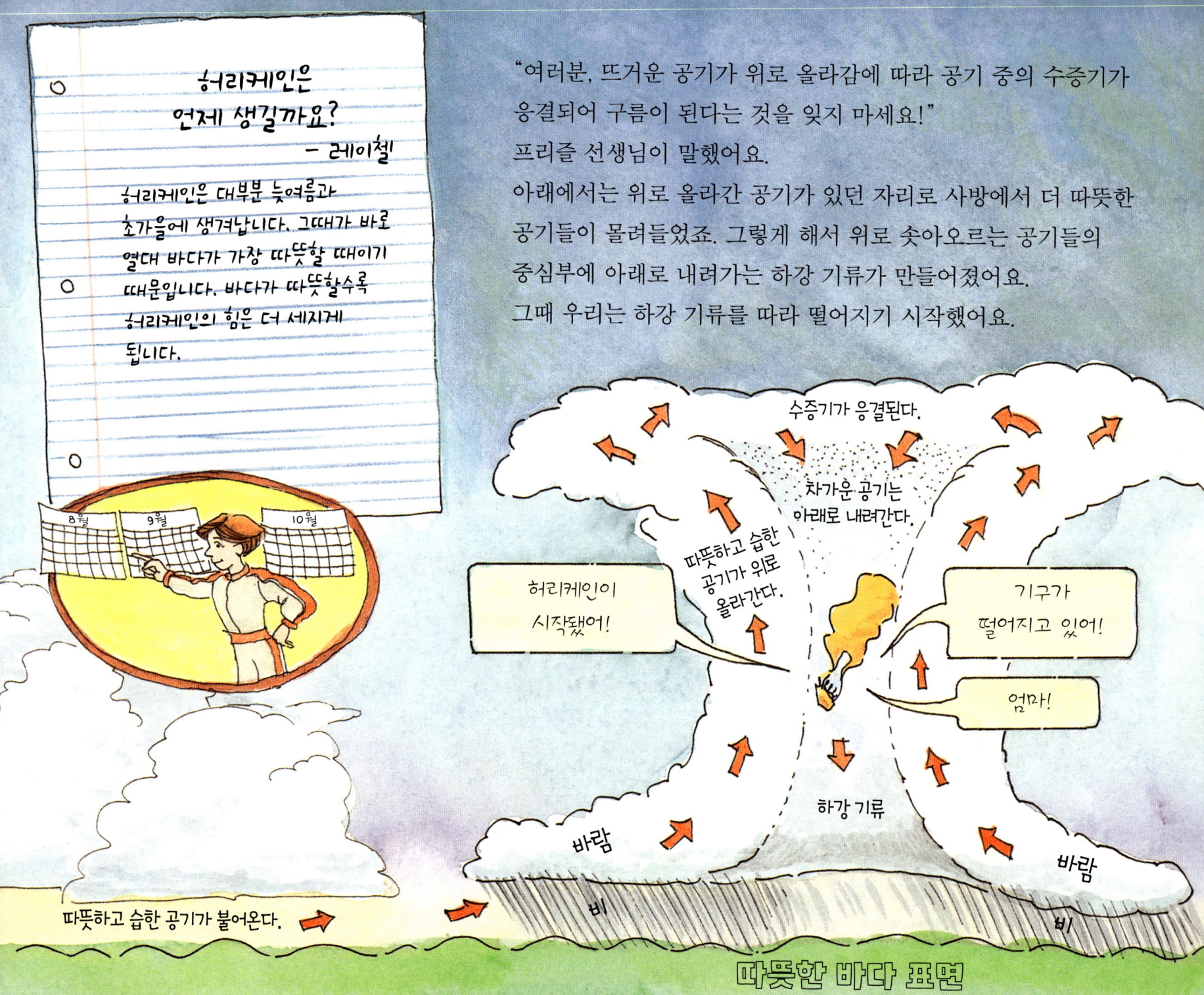

"저런, 맙소사!" 프리즐 선생님이 말했어요.
"풍선에 구멍이 난 것 같아요."
뜨거운 공기가 빠져나가면서, 열기구는 빠르게 떨어졌어요.
"뛰어내려요. 여러분!" 프리즐 선생님이 소리쳤어요.
선생님이 먼저 뛰어내렸고, 우리도 뒤이어 뛰어내렸죠.
하지만 곧 우리는 엄청난 실수를 했음을 깨달았어요.

열대 폭풍은 모두 허리케인이 될까요?
― 제인

아닙니다. 세계적으로 일 년에 약 100개 정도의 열대 폭풍이 생겨납니다. 그중에서 60개 정도만이 허리케인이 될 정도로 센 힘을 갖고 있습니다. 그러나 사람들이 사는 육지 안쪽까지 이를 정도로 힘이 센 허리케인은 몇 개 안 됩니다.

어서 뛰어내려, 아널드!

눈을 뜰 수가 없어!

여러분, 저를 따라오세요!

번개는 전기입니다.
— 랠프

구름은 전기를 띠고 있습니다. 전압이 충분히 높아지면 전기는 한 구름에서 다른 구름으로, 또는 구름과 땅 사이에서 갑자기 흐릅니다. 그때 우리는 번개를 볼 수 있습니다.

번개는 <u>뜨거워요</u>!
— 키샤

번개의 온도는 섭씨 약 30,000도에 이릅니다. 그것은 태양 표면의 온도보다 약 다섯 배나 높은 온도입니다.

우리를 둘러싼 구름 속에는 엄청난 전압의 번개가 번쩍거리고 있었어요.
이제 우리는 다 죽었다고 생각하고 있을 때 갑자기 비행기가 나타났어요. 어느새 버스는 허리케인 속을 탐험할 수 있는 기상 비행기로 바뀌어 있었답니다. 우리는 구조 미끄럼틀로 굴러 들어가 비행기 안으로 떨어졌어요. 그러니까…… 버스…… 아니…… 비행기 말이에요.

뇌우가 퍼붓는 동안 치는 번개는 큰 도시에서 일주일 동안 사용하는 것보다 더 많은 전기를 만들어 냅니다!

이건 우리 버스야!

좀 달라진 것 같아!

지금 타야 해!

돌아와, 제발!

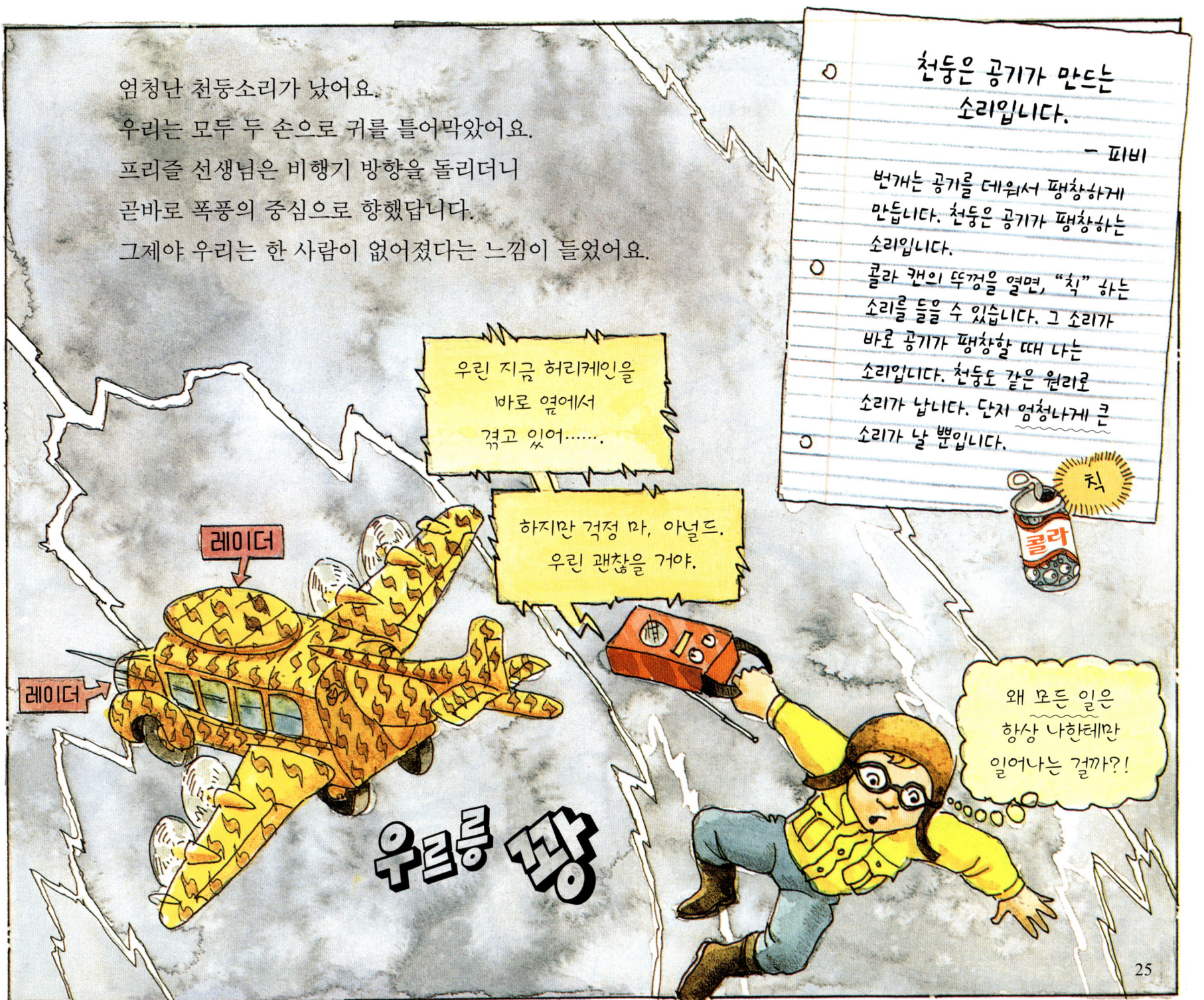

주위에는 온통 뜨거운 탑 또는 굴뚝이라고 부르는 공기 기둥이었어요. 그곳은 바다로부터 뜨겁고 습한 공기를 계속해서 빨아올리는 곳이죠. 뜨거운 공기에서 열에너지를 흡수해서 폭풍은 더욱더 힘이 세져요.
비행기가 심하게 흔들렸어요.
우리라고 별수 있나요? 따라서 흔들렸죠!

허리케인의 눈 속은 고요합니다.
— 카를로스

허리케인의 거센 회오리바람도 폭풍 중심에는 들어오지 못합니다.

허리케인 속 우리의 위치

그러더니 갑자기 모든 것이 조용해졌어요.
"여러분, 우리는 이제 허리케인의 눈, 그러니까 허리케인의 중심에 들어왔어요!"
프리즐 선생님이 말했어요.
바다에서는 계속 큰 파도가 치고 있었고,
저 밖에서는 아직도 거센 바람이 불고 있었죠.
하지만 허리케인의 눈 속에서는 잔잔한 산들바람만이 불었어요.
머리 위로는 푸른 하늘이 보였고, 태양이 빛나고 있었답니다.
그래서 우리는 모두 신이 나기 시작했어요.

그대로 허리케인의 눈을 가로질러
50킬로미터 정도 날아갔어요.
그때 프리즐 선생님이 말했어요.
"자, 이제 반대쪽 구름벽으로 들어갑니다."
"가지 마세요!" 우리 모두가 소리쳤어요.
하지만 비행기는 이미 제 갈 길로 가고 있었죠.
우리는 다시 허리케인의 거센 비바람 속으로
들어가고 말았답니다.

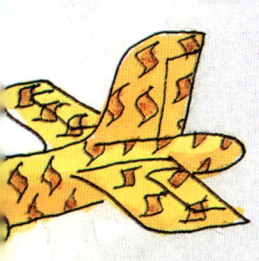

왜 허리케인의 눈 속에서는 바람이 불지 않을까요?
— 셜리

바람은 허리케인 중심의 눈 쪽으로 빨려 들면서 회전합니다. 그러나 결코 눈에 들어가지는 못합니다. 들어가려는 힘과 같은 크기의 힘이 바람을 바깥으로 밀어내기 때문입니다. 마치 두 사람이 손을 잡고 회전할 때 서로 같은 힘으로 상대를 밀어내는 것처럼 말입니다.

허리케인이 완전히 **다가오기** 전에 육지로 가야 해!

아무렴 그래야죠!

허리케인이 육지로 다가가고 있습니다. 해변을 따라 커다란 파도가 몰아칠 것입니다.

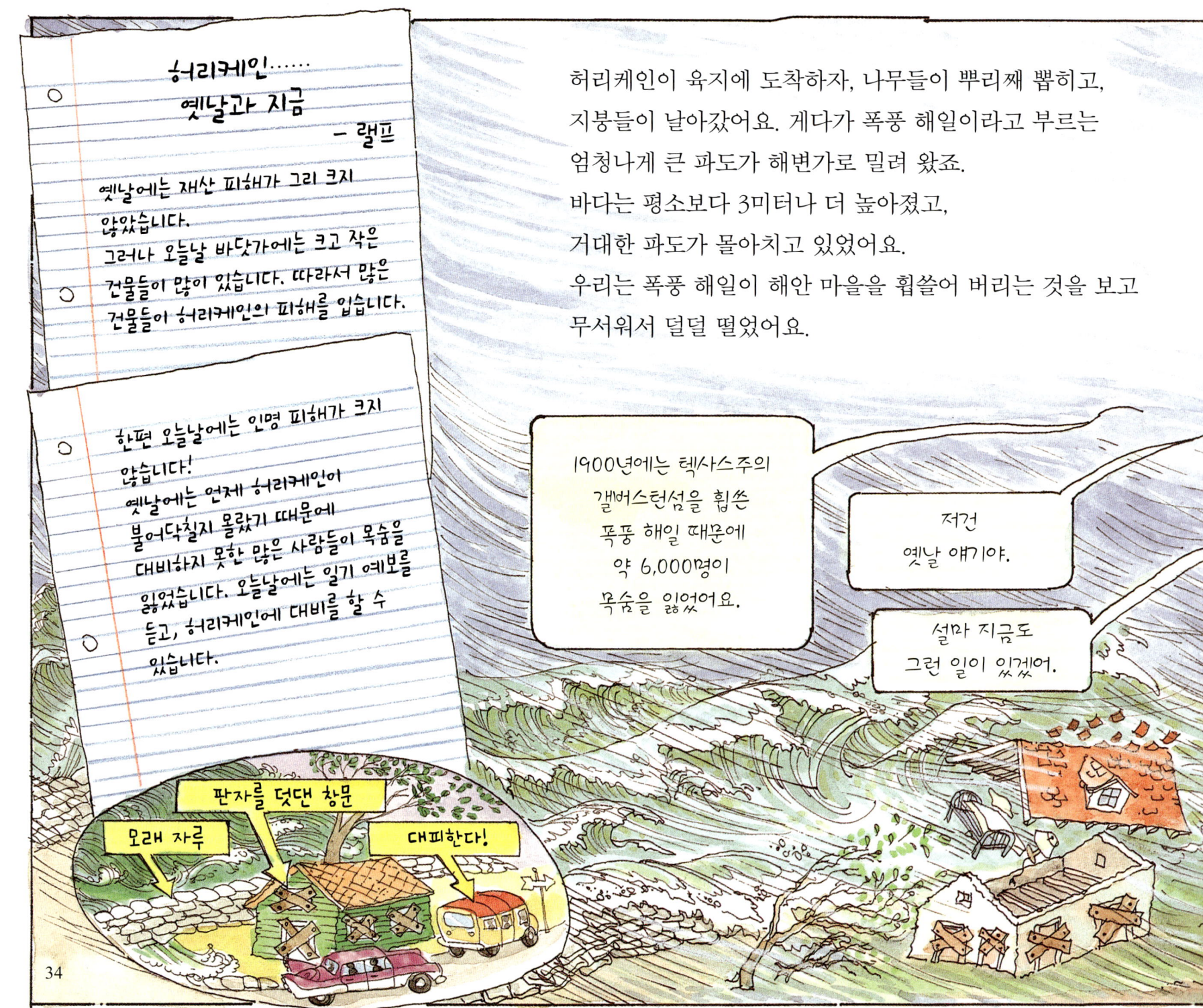

신기한 스쿨버스 편지함

편지들…… 우리가 받은 편지들

우체통

해 뜨는 풍경
뉴저지주, 이스트 오렌지

브루클린의 저녁 하늘

판매용

신기한 스쿨버스를 만든 분께,
스쿨버스가 열기구나 기상 관측용 비행기로 변할 수는 없죠. 그런 일은 절대로 일어나지 않아요.
— 당신의 친구 샘이

조애너 씨께,
라디오가 사람과 이야기를 할 순 없어요.
— 바바라

To: 이 책의 글쓴이 조애너 콜 씨께

조애너 선생님과 브루스 선생님께,
허리케인에 대해 책을 읽는 것은 재미있을지 모르지만, 허리케인 안에 들어가는 건 전혀 그렇지 않아요. 저희 가족들이 허리케인 앤드류 속에 있어 보아서 잘 알아요. 정말 무서웠어요. —케이스

브루스 씨께,
라디오는 춤을 안 춰요.
-진

To: 이 책의 그린이 브루스 디건 씨께

아널드에게,
이번에 네가 본 허리케인은 육지로 상륙했지. 하지만 대부분의 허리케인은 먼 바다를 향하기 때문에 사람이나 재산을 해치지 않는단다.
— 네 친구, 기상학자 앨

강력한 허리케인 속에서 작은 고기잡이 배가 무사하기 힘들겠죠.
—해양 경찰대

브루스 씨께,
아널드가 정말로 그렇게 높은 데에서 바다로 떨어졌다면, 반드시 병원에 가야 합니다!

-의사로부터

조애너에게,
프리즐 선생님 반의 현장 학습에서 일어나는 일들은 아이들에게 너무 위험해. 제발 다음번에는 아이들이 집에 있도록 써 주기 바란다.
- 엄마가

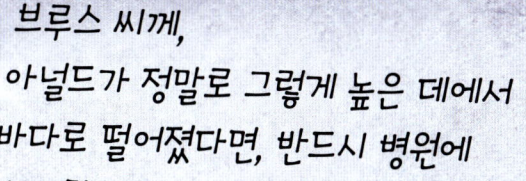

버뱅크의 달밤

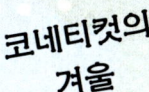

코네티컷의 겨울

프리즐 선생님께,
선생님 반의 학생들은 피비가 전에 다니던 학교로 전학 가야 한다고 생각합니다.

-'훨씬 더 안전한' 학교에 다니는 학생들

독자 여러분께,
이 책에서 일어나는 몇 가지 일들은 꾸며 낸 것입니다. 하지만 과학에 대한 내용들은 모두 사실입니다.

- 조애너와 브루스

47

신기한 과학 암기 카드

신난다! 과학 퀴즈

이 책의 카드를 오려 봐. 카드 뒷면에 신기한 과학 질문과 답이 섞여 있어.
각각의 질문에 알맞은 답을 짝지어 봐. 정답은 48쪽에 있어. **[교과 연계] 4-2 과학 5. 물의 여행, 5-2 과학 3. 날씨와 우리 생활**

신기한 과학 암기 카드 게임을 해 보자!

❶ 캐릭터가 크게 그려진 쪽이 보이게 카드를 흩트려 놓고, 가위바위보를 한다.
❷ 이긴 사람이 'Q' 카드 중 한 장을 골라 질문을 크게 읽는다.
❸ 그런 다음, 'A' 카드도 한 장 골라 답을 크게 읽는다.

새
취미: 재미있는 수수께끼 놀이.

둘은 달라. 둘 다 회오리바람이긴 해. 하지만 토네이도는 허리케인보다 작고, 빠르게 불어.

신기한 스쿨버스 ❼

리즈
좋아하는 날씨: 햇빛이 따뜻하게 내리쬐는 날씨.

뜨거운 공기는 위로 올라가. 그 이유는 뭘까?

신기한 스쿨버스 ❼

피비
특기: 연날리기. 오래 높이 날릴 자신이 있다.

천둥은 번개가 공기를 데워서 팽창하게 만들 때 나는 소리야. 공기가 팽창하는 소리지. 콜라 캔 뚜껑을 열면 '칙' 소리가 나는 것과 같은 원리야.

신기한 스쿨버스 ❼

랠프
좋아하는 것: 빨간색 야구 모자. 뒤집어 써야 멋있다고 생각한다.

지구를 북반구와 남반구로 나누는 선이 있대요. 그게 뭘까요?

신기한 스쿨버스 ❼

아만다 제인
좋아하는 색: 초록색.

들어가려는 힘과 같은 크기의 힘으로 바람을 허리케인의 눈 밖으로 밀어내기 때문이야.

신기한 스쿨버스 ❼

아널드
자신 없는 일: 비바람이 몰아치는 바다에서 수영하기.

허리케인의 수명은 얼마나 되나요? 길지 않으면 좋을 텐데…….

신기한 스쿨버스 ❼

❹ 그 답이 질문에 알맞은 답이면 'Q'와 'A' 카드를 모두 가져오고, 'Q' 카드를 다시 한 장 고른다.
❺ 틀린 답이면 'Q'와 'A' 카드를 모두 캐릭터가 크게 그려진 쪽이 보이게 내려놓는다.
❻ ②~⑤를 반복한다.
❼ 질문인 'Q' 카드와 그에 알맞은 답인 'A' 카드를 짝지어 3쌍의 카드를 먼저 가지는 쪽이 승리!

내가 가장 좋아하는 온도 -카를로스
섭씨 36.5도 정상!

내가 가장 좋아하는 구름 -설리
토끼처럼 생겼어!

내가 가장 좋아하는 우박 폭풍 -아널드
집에서 놀 수 있으니까 좋아.

설리
좋아하는 옷: 분홍색 꽃무늬 티셔츠.

토네이도와 허리케인은 같은 것일까, 아닐까?

신기한 스쿨버스 ❼

기상 예보관
하고 싶은 말: 날씨는 계속 바뀐답니다. 일기 예보를 잘 들어 주세요.

뜨거운 공기가 차가운 공기보다 가볍기 때문이야.

신기한 스쿨버스 ❼

완다
요즘 궁금한 것: 번개가 번쩍번쩍 쳐도 다치지 않는 법.

천둥이 콜라 캔 뚜껑 여는 소리와 원리가 같다고? 그게 무슨 말이야?

신기한 스쿨버스 ❼

프리즐 선생님
취미: 수업 주제에 맞춰 차려입기.
특기: 화려하고 특이한 옷 입기.

보통 열흘 정도입니다. 시간이 지나면 자연히 사라지지요.

신기한 스쿨버스 ❼

라디오
특기: 알맞은 때에 중요한 정보를 알려 주기.

허리케인의 눈 속, 태풍의 눈 속에서는 바람이 불지 않아. 왜 그런지 알아?

신기한 스쿨버스 ❼

선원 아저씨
배를 탈 때 꼭 챙기는 물건: 구명조끼와 모자.

답은 적도야. 적도는 지구 한가운데를 지나고 있다고 생각되는 상상의 선이지.

신기한 스쿨버스 ❼

글쓴이 **조애너 콜**

어린 시절 벌레, 곤충을 다룬 책들을 즐겨 읽는 과학 소녀였습니다. 초등학교 교사, 사서, 어린이 책 편집자로 일하다가,
어린이 문학과 과학 지식을 결합한 어린이 책을 쓰기로 결심했습니다. 첫 번째 책 『바퀴벌레』를 시작으로 90권이 넘는 책을 펴냈습니다.
그중 가장 널리 알려진 「신기한 스쿨버스」 시리즈로 워싱턴 포스트 논픽션 상, 데이비드 맥코드 문학상 등 많은 상을 받았습니다.

그린이 **브루스 디건**

미국 뉴욕 쿠퍼 유니언 대학과 프라트 대학에서 일러스트를 공부했습니다. 「신기한 스쿨버스」 시리즈를 비롯해
「프리즐 선생님의 신기한 역사 여행」 시리즈, 「토드 선장」 시리즈 등 40권이 넘는 어린이 책에 그림을 그렸습니다.

옮긴이 **이강환**

서울대학교에서 천문학 박사학위를 받은 뒤, 과천과학관을 거쳐 현재 서대문자연사박물관에서 일하고 있습니다. 「신기한 스쿨버스」
시리즈를 비롯한 여러 권의 과학책을 우리말로 옮겼고, 지은 책으로 『우주의 끝을 찾아서』, 『빅뱅의 메아리』 등이 있습니다.

감수 **서울초등기초과학연구회**

서울시 교육청 관내 초등교사 100여 명이 모인 연구회로, 과학책을 편찬하고 교육 프로그램을 개발하여 현장에 적용하고 있습니다.
특히 한국연구재단과 함께 '금요일의 과학터치' 사업을 10년째 운영하며, 초등 과학 교육의 대중화에 앞장서고 있습니다.

전 세계 1억, 국내 1천만의 신화, 어린이 과학책의 베스트셀러

신기한 스쿨버스™ 시리즈

신기한 스쿨버스™ 키즈 (전 30권)

조애너 콜 글 · 브루스 디건 그림 | 이강환, 이현주 옮김 | 6세 이상
우리 아이의 첫 과학 그림책. 아이가 좋아하는 내용으로 **과학 호기심이 쑥쑥**.

 신기한 스쿨버스™ (전 10권)

조애너 콜 외 글 · 브루스 디건 외 그림 | 이한음 외 옮김 | 7세 이상
혼자 읽기 좋은 과학 동화. 읽기 적당한 분량으로 **과학과 책 읽기에 자신감이 쑥쑥**.

신기한 스쿨버스™ (전 12권)

조애너 콜 글 · 브루스 디건 그림 | 이강환, 이연수 옮김 | 8세 이상
전 세계에서 사랑받는 과학책의 베스트셀러. 더 많은 정보로 **과학 이해력이 쑥쑥**.